럭키 세탁소의 문이 열렸어요.
"날씨 좋다!"
메리야스만 입고 가게 앞을 청소하고 계신 이분이
바로 럭키 세탁소의 주인아저씨예요.

부지런하기로는 우리 동네에서 최고고요.
다림질 잘하기로는 우리나라에서,
아니 이 지구에서 둘째가라면 서러우시대요.

럭키 세탁소에는 매일 많은 손님들이 찾아와요.
아저씨는 때론 친구처럼, 때론 가족처럼
손님들과 즐거운 이야기를 주고받아요.
그래서 럭키 세탁소에는 단골손님들이 아주 많답니다.

오늘은
럭키 세탁소에 어떤 손님들이 찾아올까요?

★ 이웃들이 들려주는 일과 직업 이야기 ★

꿈을 다리는 우리 동네 세탁소

강효미 글 | 김규택 그림

드르륵 낡은 문이 열려요.

럭키 세탁소의 첫 번째 손님이에요.

"어서 오십쇼!"

"아저씨! 오늘은 제가 첫 비행을 하는 날이에요. 프랑스 파리로 간답니다."

"무척 떨리겠구먼."

아저씨는 걸린 옷들 중 손님의 옷을 찾기 시작했어요.

"여기 있군! 자네 옷도 벌써 비행 준비를 마쳤다네."

● **공항에서 일하고 싶어요!** 조종사, 승무원 외에도 보안 검색 요원, 관세사, 면세점 판매원 등 많은 분들이 우리가 편안하고 안전하게 비행할 수 있게 도와줘요.

❶ 항공기를 운전하는 조종사

❷ 승객의 안전한 비행을 돕는 승무원

❸ 항공기를 점검하고 정비하는 항공 정비사

❹ 내국인과 외국인의 신분을 확인하여 입국과 출국을 관리하는 출입국 심사관

❺ 하늘길을 안내하고 관리하는 항공 교통 관제사

두 번째 손님이 하품을 하며 세탁소 문을 열었어요.

"아저씨! 밤새 새로운 메뉴를 개발하느라 한숨도 못 잤답니다."

"저런, 피곤하겠구먼! 그나저나 저번에 다친 손가락은 다 나았는가?"

"칼질을 하다가 살짝 베였을 뿐인 걸요.
이제 다 아물었답니다."

"칼과 불을 다룰 때는 언제나 조심 또 조심하게나!"

아저씨는 손님의 옷을 찾았어요.

"아주 깨끗하게 세탁하고 다림질하였다네."

● **요리와 관련된 일을 하고 싶어요!** 요리사처럼 맛 좋은 음식을 만드는 사람들도 있지만 음식 평론가, 식품 마케터처럼 음식을 탐구하고 알리는 사람들도 있어요.

❶ 다양한 재료로 음식을 만드는 요리사

❷ 균형 잡힌 식단을 관리하는 영양사

❸ 음식을 아름답게 연출하는 푸드 스타일리스트

 ❹ 커피를 만들고 연구하는 바리스타

 ❺ 케이크나 과자, 초콜릿을 만드는 제과 제빵사

 ❻ 와인을 관리하고 추천하는 소믈리에

세 번째 손님이 럭키 세탁소를 찾았어요.

한숨 돌릴 틈도 없이 다음 손님이 세탁소 문을 두드렸어요.
"아저씨! 어깨 통증은 괜찮으세요?"
"물론이지. 자네가 진료해 준 뒤로 말짱해졌어.
이제 하루 종일 다림질을 해도 아프지 않다네."
"참 다행이군요."
아저씨는 드라이클리닝을 마친 옷을
손님에게 건네주었어요.

● **병원에서 일하고 싶어요!** 인간의 몸과 마음을 치료하는 사람들뿐만 아니라 수의사, 식물 의사처럼 병든 동식물을 치료하는 사람들도 있어요.

❶ 환자의 병을 치료하고 예방하는 의사

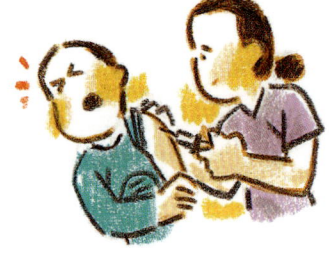

❷ 의사의 진료를 돕고 환자를 돌보는 간호사

❸ 약을 조제하고 관리하는 약사

 ❹ 환자의 혈액과 소변 따위를 검사하고 분석하는 임상 병리사

 ❺ 재활 운동이나 마사지 등으로 환자를 치료하는 물리 치료사

 ❻ 환자의 보호자를 대신해서 환자를 간호하고 돌보는 간병인

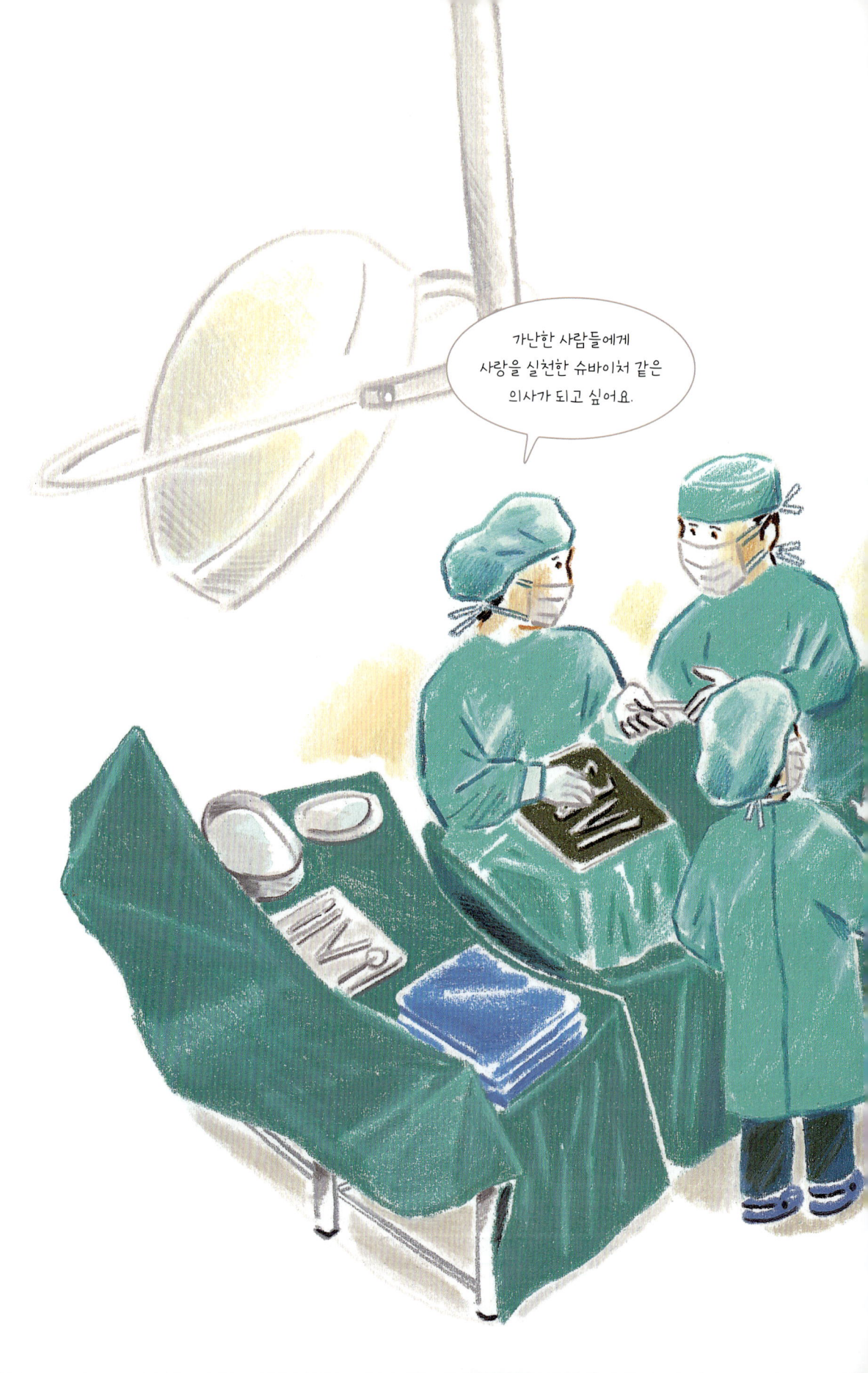

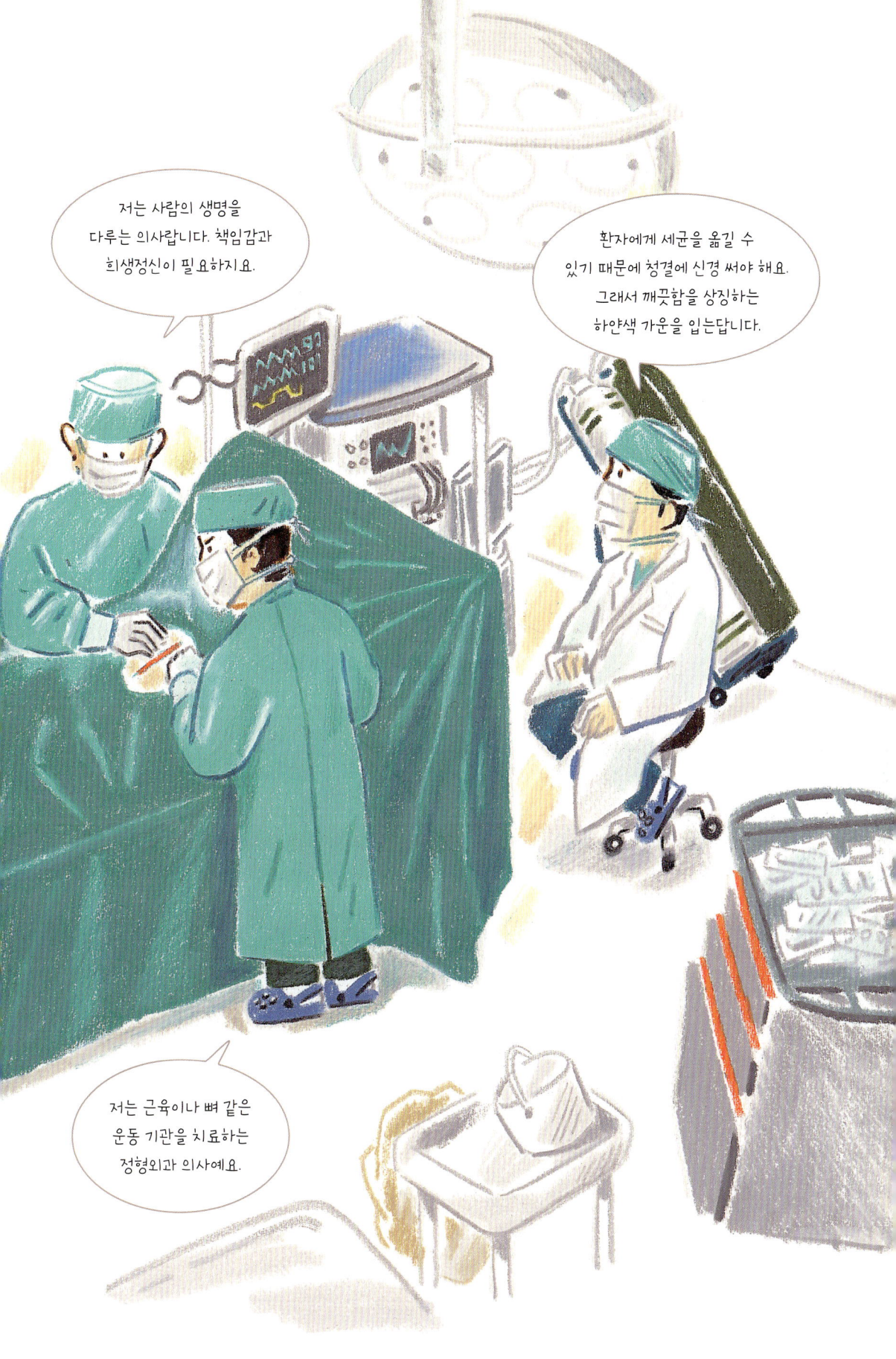

우렁찬 목소리가
세탁소 안에 울려 퍼졌어요.

"충성!
자네 왔구먼!
껄껄."

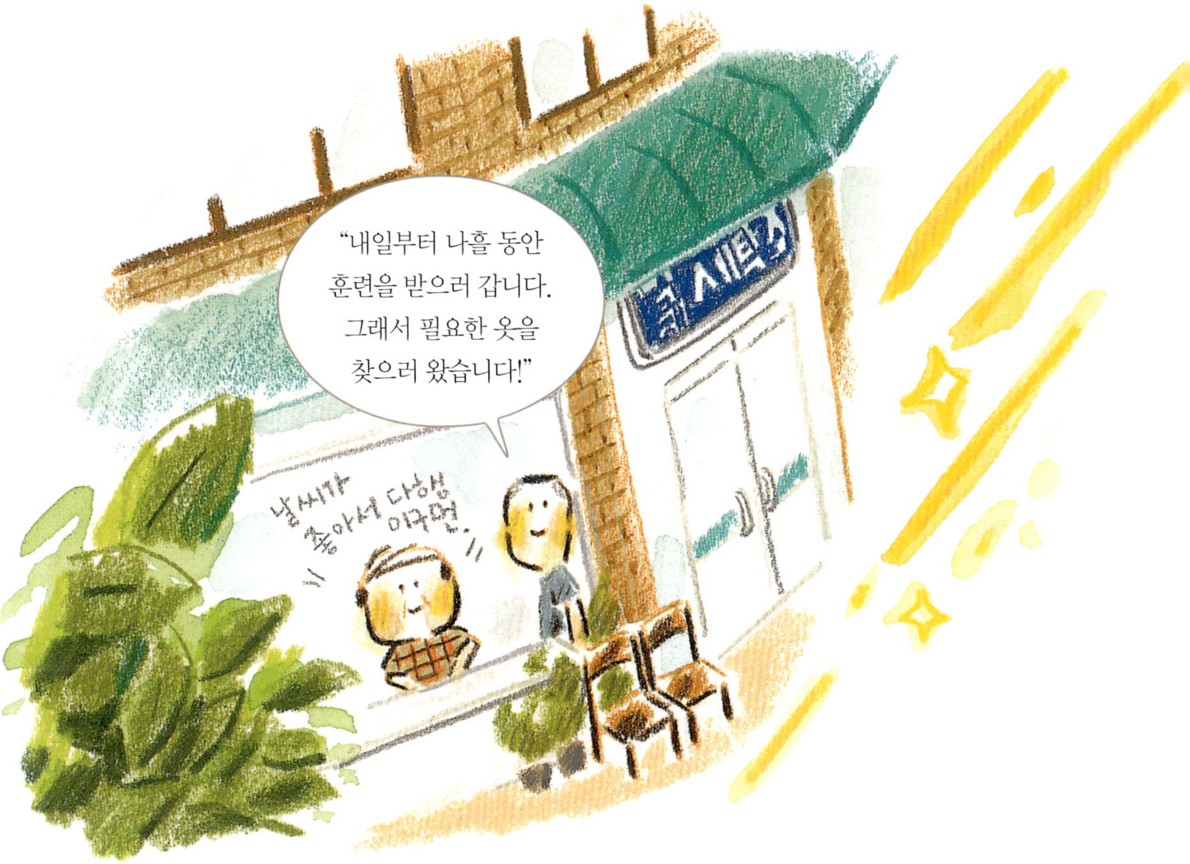
"내일부터 나흘 동안
훈련을 받으러 갑니다.
그래서 필요한 옷을
찾으러 왔습니다!"
날씨가 좋아서 다행이구먼.

"자네 덕분에
두 다리 쭉 뻗고 자고 있어.
고맙네."

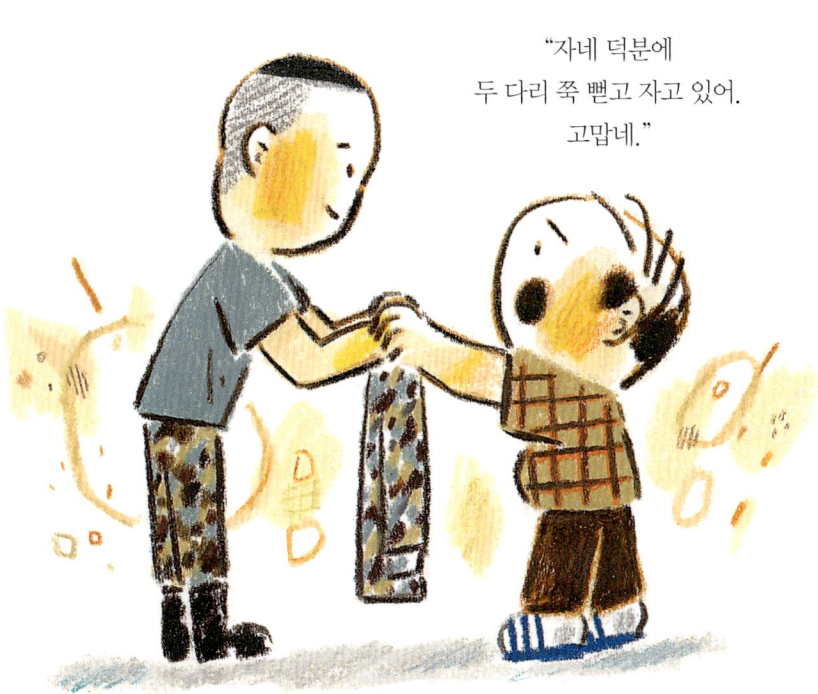

아저씨는 낡은 자전거를 타고 배달을 가요.

보험 상품을 안내하고
계약을 도와주는 보험 설계사

아저씨의 자전거가 멈춰 섰어요.
초인종을 누르자 한참 뒤에야 문이 열려요.
"밤새 글을 쓰느라 지금 일어났어요.
마감이 코앞이거든요."
"껄껄. 올빼미가 따로 없구먼. 여기 자네 와이셔츠라네."
"고맙습니다. 오늘 아저씨가 다려 주신 옷을 입고
문학상을 받으러 가면 되겠어요."
"그것 참 축하할 일이로구먼!"
아저씨는 마치 자신의 일처럼 기뻐했어요.

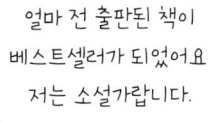
얼마 전 출판된 책이 베스트셀러가 되었어요. 저는 소설가랍니다.

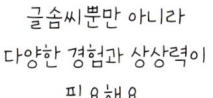
글솜씨뿐만 아니라 다양한 경험과 상상력이 필요해요.

문학 작품을 지어내서 사람들에게 감동을 주는 사람을 작가라고 하죠.

● **창작하며 일하고 싶어요!** 작곡가, 무대 연출가, 조각가, 화가, 작가 등이 만든 예술 작품은 우리의 삶을 좀 더 풍성하고 아름답게 만들어요.

❶ 다양한 음악을 만드는 작곡가
❷ 아름다운 몸동작으로 춤을 만드는 안무가
❸ 책, 연극, 방송 등을 위해 글을 쓰는 작가
❹ 만화를 그리고 이야기를 짓는 만화가

다시 세탁소로 돌아가는 길,
아저씨는 낡은 자전거의 바퀴를 열심히 굴려요.

"아이고, 기다리게 해서 죄송합니다."

아저씨는 세 명의 손님에게 각각 옷을 찾아 주었어요.

● **미래에 유망한 직업을 알고 싶어요!** 사회가 변하면서 많은 직업이 사라지고 스트레스 해결사, 에너지 연구원처럼 새로운 직업이 생기고 있어요.

❶ 건강한 먹을거리를 책임지는 유기농 전문가

❷ 무인 항공기인 드론을 조종하는 드론 조종사

❸ 복잡한 자료를 수집하고 정리하는 데이터베이스 관리자

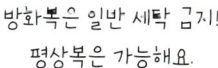

❹ 로봇을 연구하고 개발하는 로봇 공학자

❺ 우주선을 연구하고 설계하는 우주선 개발자

❻ 노인들의 고민을 듣고 해결을 돕는 노인 심리 상담사

꼬르륵. 아저씨의 배꼽시계가 점심시간을 알려요.
열심히 일을 하다가 먹는 점심은 꿀맛이지요.
"맛 좋구먼!"
잠시 뒤, 한 손님이 세탁소 문을 두드렸어요.
"아저씨! 지난번 찾아간 여러 벌의 옷 중에서 제 옷이 아닌 것이 있어요.
바로 이 옷이에요."
아저씨는 깜짝 놀랐어요.

● **이런 직업도 있어요!** 우리 주변에는 조향사, 정리 컨설턴트, 게임 중독 치료사, 맥주 감별사 등 색다른 직업들을 가진 사람들이 있어요.

❶ 병든 나무를 돌보고 관리하는
나무 치료사

❷ 문화재를 보존하고 관리하는
문화재 보존 과학자

❸ 음악으로 병을 고치는
음악 치료사

"아니, 이것은 해녀복이 아닌가? 큰 실수를 했구먼."
때마침 또 다른 손님이 세탁소를 찾았어요.
"지난번 찾아간 옷 중에 제 옷이 아닌 것이 있어요."
"그것은 발레복이 아닙니까?"
아저씨는 두 손님의 손에 들린 옷을 서로 바꿔 주었어요.

> 실제로 해녀복은 세탁소에 맡겨지지 않고 바람이 잘 드는 곳에 말리는 정도로 관리돼요.

발레를 하는 여자 무용수인 발레리나   바닷속에 들어가 해산물을 따는 해녀

❹ 제품에 맞는 색채를 연구하는 컬러리스트

❺ 반려동물을 꾸며 주는 반려동물 미용사

❻ 파티를 기획하고 진행하는 파티 플래너

아저씨의 가장 오래된 단골손님이 럭키 세탁소를 찾았어요.

"내일은 제가 초등학교에서 마지막으로 수업을 하는 날이랍니다."

"벌써 세월이 그렇게 흘렀습니까?"

"삼십 년이 눈 깜짝할 사이에 지나가 버렸습니다."

두 사람은 오랜 추억을 떠올리듯 잠시 말이 없었어요.
아저씨도 세탁소 문을 연 지 꼭 삼십 년이 됐거든요.

"여기, 정성껏 다림질해 두었습니다."

아저씨는 양복을 건네주었어요.

그때 세탁소 문이 열리며 손님이 들어왔어요.
"선생님!"
"아니 넌 윤수가 아니냐?"
두 사람은 반갑게 인사했어요.

"선생님의 가르침으로 얼마 전
꿈을 이루어 파출소에서 일하고 있습니다."
"대견하구나! 초등학교 때부터
장래 희망에 꼭 그 직업을 적더니만!"
아저씨는 두 사람을 흐뭇하게 바라보다가
얼른 손님이 맡겼던 옷을 내주었어요.

두 손님이 돌아가자마자 새로운 손님이 찾아왔어요.

"오늘 저희 호텔에 외국에서 오신 귀한 손님들이 머무르신답니다."

"자네의 서비스는 최고니 걱정할 필요가 없지!"

"여기 자네 옷이 있네.
오늘도 최선을 다하게나!"

손님은 환하게 미소 지었어요.

"오랜만이군요."
한 손님이 세탁소에 들어서자 아저씨는 당황해서 어쩔 줄 몰라 했어요.
"어, 신부님!"
사실 아저씨는 요즘 일요일 아침마다 축구를 하느라
몇 번이나 성당에 빠졌거든요.
얼굴이 빨개진 아저씨를 보며 신부님은 껄껄 웃었어요.

● **종교의 뜻을 전하고 싶어요!** 종교의 가르침을 실천하고 전하는 사람들에는 이슬람교의 이맘, 유대교의 랍비, 힌두교의 푸자리 등도 있어요.

❶ 개신교에서 그리스도의 뜻을 전하는 목사

❷ 불교의 가르침을 배우고 실천하는 승려

❸ 천주교의 뜻을 실천하고 전하는 신부와 수녀

이제 해가 뉘엿뉘엿 지기 시작했어요.
세탁소의 마지막 손님이 문을 두드렸어요.

"퇴근 준비를 하시나 봐요?
저는 이제야 출근한답니다."

"요즘 공장은 많이 바쁜가?"

"주문이 밀려서 무척 바쁩니다.
그래서 주간과 야간 교대로
일하고 있어요."

아저씨는 손님에게 얼른 옷을 건네주었어요.

수고하게.

그때 갑자기 바깥이 소란스러워지기 시작했어요.
"이게 무슨 일이지?"
〈직업의 달인〉이라는 텔레비전 프로그램에서
아저씨를 촬영하러 왔어요.
"삼십 년간 한자리를 지켜 온 세탁소라고 들었습니다!
친절하기로 소문난 세탁소라던데 촬영을 하고 싶습니다."

앗, 그런데 우리의 아저씨가 어디론가 사라지셨네요!

아서씨는 유명해지고 싶지 않아요.
그저 오늘처럼, 평범하게 동네 사람들과 함께하는 것이
좋을 뿐이에요.
"아내와 나눠 먹을 통닭을 좀 사가야겠군.
별이 많은 걸 보니 내일도 날이 좋겠어."

아저씨의 등 뒤로 둥근 달이 떠올랐어요.
아저씨는 자기도 모르게 콧노래를 흥얼거렸답니다.

이웃들이 하는 다양한 일을 좀 더 알고 싶어요!

우리 주변에는 헤아릴 수 없을 만큼 수많은 직업들이 있어요.
여러 가지 직업들을 분야에 따라 나눠서 살펴보고
나는 어떤 일을 하고 싶은지, 그 일을 하려면 어떤 능력이 필요한지 생각해 봐요.

① 책임감이 강한 관리자 분야

정부나 기업, 단체에서 일어나는 활동을 계획하고 이끄는 일을 해요.
대통령, 국회 의원, 시장, 최고 경영자(CEO), 경영 관리자 등이 있지요.
관리자는 다양한 조직과 업무를 관리하고 조정할 수 있는 능력이 필요해요.

▶▶▶ 국회 의원, 재무 책임자(CFO), 연구 관리자, 학교 교장, 병원 원장,
　　　미술관 관장, 도서관 관장, 공장 관리자, 호텔·백화점 총지배인 등

② 분석적이고 논리적인 전문가 분야

특정한 분야에서 전문적인 지식과 경험을 갖고 있는 사람들이에요.
전문 지식을 통해 해당 분야를 연구하고 개발하는 일을 하지요.
과학 전문가, 교육 전문가, 문화·예술 전문가, 법률 전문가 등 다양해요.

▶▶▶ 생물학·지리학·종교학·철학 등 여러 분야의 연구원, 대학교수, 컴퓨터 시스템 전문가,
　　　웹 개발자, 게임 프로그래머, 빅 데이터 분석가, 건축가, 항해사, 세무사, 회계사,
　　　공인 중개사, 신문 기자, 도서 편집자, 공연 기획자, 디자이너, 번역가, 학예사, 사서 등

③ 꼼꼼한 태도가 필요한 사무 분야

관리자와 전문가를 돕고 계획에 따라 일을 처리해요.
적절한 정보를 찾고 기록하고 보관하는 등 사무적인 업무를 하지요.
꼼꼼하고 신중한 태도로 일을 해내는 능력이 필요해요.

▶▶▶ 국가·지방 행정 사무원, 경영 기획 사무원, 무역 사무원, 회계 사무원,
　　　비서, 은행 사무원, 법률 사무원, 호텔·백화점 안내원, 전화 상담원 등

④ 다른 사람을 먼저 생각하는 **서비스 분야**

사람들이 안전하고 편리하게 다양한 서비스를 누릴 수 있도록 도와줘요.
국민의 안전과 보안에 힘쓰는 경찰과 소방관, 몸이 불편한 노인과 환자들을
돕는 간병인, 고객의 아름다움을 책임지는 미용사 등이 있어요.

▶▶▶ 형사, 소방관, 교도관, 경호원, 경비원, 요양 보호사, 간병인, 아동 돌봄이, 산후 조리사,
　　　미용사, 메이크업 아티스트, 네일 아티스트, 코디네이터, 웨딩 플래너, 장례 지도사,
　　　반려동물 훈련사, 도슨트, 관광 안내원, 치어리더, 한식 · 양식 · 일식 조리사 등

⑤ 상품과 서비스를 제공하는 **판매 분야**

온라인이나 오프라인 공간에서 상품이나 서비스를 판매하는 일을 해요.
고객들이 무엇을 원하는지 재빨리 알아채고 적당한 제품을 추천하는 안목이 필요해요.
무엇보다 친절한 태도로 다가가는 것이 중요하지요.

▶▶▶ 식자재 · 건축 자재 등을 파는 영업원, 보험 설계사, 화장품 · 의류 · 가전제품 등을 파는 판매원,
　　　텔레마케터, 판촉원, 내레이터 모델 등

⑥ 먹거리를 책임지는 **농수산 분야**

곡식이나 채소를 가꾸고 물고기를 양식하는 일을 해요.
농산물과 수산물에 대한 전문적인 지식과 다양한 경험이 필요하지요.
사람들에게 좀 더 신선하고 건강한 먹을거리를 제공해요.

▶▶▶ 벼 · 보리 · 밀 곡식 재배자, 과일 · 채소 재배원, 물고기 양식원, 어부, 해녀, 선원 등

⑦ 뛰어난 솜씨가 필요한 **기능 분야**

각종 기계를 다루거나 손으로 제품을 만드는 일을 해요.
기계를 사용해서 제품을 만드는 것이 훨씬 빠르고 편리하지만
뛰어난 솜씨를 갖고 있는 사람들을 명장이라 부르며 능력을 인정하고 있어요.

▶▶▶ 제과 제빵사, 떡 제조원, 축구공 기술자, 도축원, 식품 검사원, 양장사, 의복 · 신발 재단사,
　　　가죽 재봉원, 피아노 · 아코디언 악기 조율사, 용접원, 자동차 정비원, 도자기 공예가 등

❓❓❓ 더 많은 직업에 대해서 알고 싶으면 통계청에서 나온 '한국표준직업분류표'를 살펴보세요.

■ 작가의 말 ■

우리 주변에는 다양한 직업을 가진 이웃들이 살고 있어요

저는 어릴 적에 꿈이 자주 바뀌었어요. 어떤 날은 화가가 되고 싶다가, 또 어떤 날은 선생님이 되고 싶었어요. 또 어떤 날은 변호사나 여행가를 꿈꾸기도 했지요. 그러다가 어느 날부터 작가를 꿈꾸었고, 지금은 꿈을 이루어 재미난 이야기를 쓰고 있어요. 아마 여러분도 저와 마찬가지로 매일매일 다양한 꿈을 꾸고 있을 거예요. '오늘' 여러분은 어떤 꿈을 꾸고 있나요?

《꿈을 다리는 우리 동네 세탁소》는 자신만의 꿈을 꾸고 그 꿈을 이룬 다양한 사람들의 이야기를 담고 있어요. 승객의 비행을 돕는 승무원, 삼십 년 동안 아이들을 가르쳐 온 선생님, 밤낮 가리지 않고 국민을 지키는 경찰관, 그리고 손님에게 최상의 서비스를 제공하는 호텔리어까지 여러 가지 직업을 가진 이웃들을 만날 수 있지요. 그래서 이웃들이 가진 다양한 직업뿐만 아니라 그들의 따뜻한 일상까지 들여다볼 수 있어요.

이 책에는 다림질 잘하기로 세계 최고라 불리는 럭키 세탁소의 주인아저씨가 등장해요. 아저씨는 매일매일 수많은 이웃들의 옷을 다려요. 어떤 옷들을 다리느냐고요? 요리사의 깨끗한 조리복부터 의사의 하얀색 가운까지 매우 다양해요. 어쩌면 아저씨는 옷뿐만 아니라 손님들의 꿈까지 다리기 위해서 최선을 다하는 것일지 몰라요. 그런 아저씨를 통해서 자신의 일에 자부심을 갖고 열심히 살아가는 멋진 모습을 느낄 수 있어요.

주변을 한번 둘러보세요. 자신만의 일을 갖고 하루하루 최선을 다하는 이웃들의 모습이 보이나요? 세상에 많은 사람들이 살고 있는 것처럼 세상에는 수많은 직업이 있어요. 그리고 모든 직업은 나름의 의미와 가치를 갖고 있지요. 또 사람들은 자신의 일에 자부심과 보람을 느끼며 열심히 일하고 있어요. 여러분도 우리 주변의 이웃들처럼 자신만의 꿈을 꾸고 그 꿈을 이루기 위해 노력해 보세요. 여러분이 어떤 꿈을 꾸든, 어떤 직업을 갖고 싶든, 언제나 여러분을 응원할 거예요.

강효미

글 강효미

혀가 짧아서 말하기보다 듣기를, 귀가 얇아서 듣기보다 쓰기를 좋아하는 작가예요.
배꼽 빠지게 재미난 이야기를 쓰려고 머리를 쥐어짜지만 늘 행복하답니다.
대학에서 문예 창작을 공부한 뒤, 2007년에 〈마할키타 우리 숙모〉를 써서
작가의 길로 들어섰어요. 지금까지 《엄마 껌딱지》《고양이네 미술관》
《속담이 백 개라도 꿰어야 국어왕》《빵이당 vs 구워뜨》 등을 썼어요.

그림 김규택

좋은 그림으로 재미있는 이야기를 많이 보여 주고 싶은 욕심 많은 화가예요.
가장 재미있는 일도, 가장 힘든 일도 그림 그리는 거랍니다. 대학에서 조형 예술을,
꼭두일러스트교육원에서 그림책을 공부한 뒤 그림 작가로 활동하고 있어요.
쓰고 그린 책으로는 《세상에서 가장 큰 가마솥》《옛날 옛날》이 있고,
《서당 개 삼년이》《라면 먹는 개》《조선 왕이 납신다》 등을 그렸어요.

꿈을 다리는 우리 동네 세탁소

1판 1쇄 발행 2017년 9월 15일 | 1판 6쇄 발행 2025년 10월 20일
글 강효미 | 그림 김규택 | 펴낸이 이재일
기획·편집 최은영 | 편집장 정혜원 | 제작·마케팅 강백산, 강지연, 김주희 | 디자인 하늘·민
펴낸곳 토토북 | 출판등록 2002년 5월 30일 제2002-000172호
주소 04034 서울시 마포구 잔다리로7길 19, 명보빌딩 3층 | 전화 02-332-6255 | 팩스 02-6919-2854
홈페이지 www.totobook.com | 전자우편 totobooks@hanmail.net | 인스타그램 totobook_tam
ISBN 978-89-6496-345-6 73300

ⓒ 강효미, 김규택 2017

*이 책은 저작권법에 의해 보호를 받는 저작물이므로 무단 전재 및 무단 복제를 금합니다.
*잘못된 책은 구입하신 곳에서 바꾸어 드립니다.

 제품명: 꿈을 다리는 우리 동네 세탁소 | 제조자명: 토토북 | 제조국명: 대한민국
전화번호: 02-332-6255 | 주소: 서울시 마포구 잔다리로7길 19, 명보빌딩 3층
제조일: 2025년 10월 20일 | 사용 연령: 7세 이상 | KC 인증 유형: 공급자 적합성 확인
*KC마크는 이 제품이 공통안전기준에 적합하였음을 의미합니다.

⚠ 주의 아이들이 책의 모서리에 다치지 않게 주의하세요.